BEI GRIN MACHT SICH IHR WISSEN BEZAHLT

- Wir veröffentlichen Ihre Hausarbeit, Bachelor- und Masterarbeit

- Ihr eigenes eBook und Buch - weltweit in allen wichtigen Shops

- Verdienen Sie an jedem Verkauf

Jetzt bei www.GRIN.com hochladen und kostenlos publizieren

Jens-Uwe Knorr

Casemanagement: Welche Gründe sprechen für die Einführung?

Vor- und Nachteile einer Implementierung im Krankenhaus

GRIN Verlag

Bibliografische Information der Deutschen Nationalbibliothek:

Die Deutsche Bibliothek verzeichnet diese Publikation in der Deutschen National-
bibliografie; detaillierte bibliografische Daten sind im Internet über http://dnb.d-
nb.de/ abrufbar.

Impressum:

Copyright © 2013 GRIN Verlag GmbH
Druck und Bindung: Books on Demand GmbH, Norderstedt Germany
ISBN: 978-3-656-48596-4

Dieses Buch bei GRIN:

http://www.grin.com/de/e-book/231897/casemanagement-welche-gruende-sprechen-
fuer-die-einfuehrung

ERNST-ABBE HOCHSCHULE JENA
FACHBEREICH SOZIALWESEN
MASTERSTUDIENGANG PFLEGEWISSENSCHAFT/ PFLEGEMANAGEMENT

Modul 2.702: Casemenagement 1

Welche Gründe sprechen für die Einführung eines Casemanagement?

Referat

Hausarbeit von:

Jens-Uwe Knorr

Leipzig, 10. Juli 2013

Inhalt

1 Fragestellung

- Thema: ***Welche Gründe sprechen für die Einführung eines Casemanagement- Systems?***

- Szenario: Die Leitung Ihres aktuellen (hilfsweise Ihres ehemaligen) Arbeitgebers bittet Sie die **Vor- und Nachteile** eines Casemanagement-Systems in einem Referat vorzustellen. Berücksichtigen Sie die **Reichweite der Wirksamkeit** die Sie empfehlen würden. Warum sollte welche Berufsgruppe die Casemanagementfunktion ausüben?

- Dauer des Referates 15 Minuten, plus 5 Minuten strukturierte Diskussion durch den/die Referent/in zu führen. Anschließend Diskussion mit dem Prüfer.

- Gesamtdauer: 30 Minuten

- Es ist ein Handout anzufertigen

- Formales: Denken Sie bitte an die wissenschaftlichen Kriterien, die an ein Referat zu stellen sind (Gliederung, Zitation, Studienlage, Literatur, Freitext, Folienaufbau, Spannungsbogen, ...)

- Es wird auch das persönliche Auftreten des Prüfungskandidaten/in, die Präsentation und Moderation bewertet.

- *Die Anwesenheit der Studierenden, die am gleichen Tag die Prüfung ablegen, wird über den Prüfungstag ausdrücklich erwünscht.*

2 Setting: Krankenhaus der Regelversorgung

Das St. Elisabeth Krankenhaus[1] in Leipzig ist ein Krankenhaus der Regelversorgung und interessiert sich für die Einführung eines Case Management. Im Folgenden sollen Argumente dafür dargestellt werden. Ebenso werden die Nachteile beleuchtet und wie man ihnen begegnen kann. Dieses Referat klärt nicht wie das CM im Einzelnen aufgebaut sein wird oder auf welche Art und Weise es eingeführt wird. Es dient lediglich dazu, dem Krankenhausträger das Thema zu unterbreiten und ihn dafür zu gewinnen.

Um ein CM einzuführen unternehmensweit einzuführen, bedarf es einer Grundsatzentscheidung des Krankenhausträgers bzw. der Gesellschafter, da es sich um einen tiefgreifenden Schritt im Unternehmen handelt. Es braucht Kooperationen und gegebenenfalls Beteiligungen an Einrichtungen, die über Gelder aus dem SGB XI finanziert werden, um eine stringente Begleitung über den Krankenhausaufenthalt hinaus zu gewährleisten. Außerdem ist der Rückhalt durch den Träger sehr wichtig und eine Legitimation gegenüber den Mitarbeitern.

3 Ziele des Case Management

In Krankenhäusern, die sich über das DRG-System finanzieren, ist es in ökonomischer Hinsicht sinnvoll einerseits alle relevanten Nebendiagnosen einfließen zu lassen und andererseit die Liegezeiten zu verringern, vor allem durch Vermeidung des „Drehtüreffektes" (vgl. Franke, 2007, S. 162 ff.). Neben dieser Form der Fallsteuerung ist es aber ebenso wichtig Patienten individuell durch den Behandlungsprozess zu begleiten. Hierbei geht es besonders um die Patienten, die einen besonderen Behandlungsbedarf über das Krankenhaus hinaus haben, wie Rehamaßnahmen oder Pflegebedürftigkeit, aber auch Wundmanagement oder Schmerztherapie im häuslichen Bereich.

Von der Zahl der Patienten, die im Krankenhaus behandelt werden, hängt die Zahl der abrechenbaren DRGs ab. Von den Haupt- und Nebendiagnosen, dem Alter, den Komplikationen, den Prozeduren usw. wird die Vergütungshöhe stark beeinflusst. Eine genaue Leistungserfassung ist wichtig. Von der Untersuchungs- und Behandlungsgeschwindigkeit in den Funktions- und Behandlungsbereichen hängt die Differenz zwischen Kosten und Erlösen ab. Um die medizinisch bedingte Verweildauer nicht zu überschreiten, sind nachstationäre Einrichtungen für die rechtzeitige Verlegung erforderlich (vgl. Mühlbauer, 2004, S. 25).

Typische Krankheitsbilder, die durch das Case Management (CM) betreut werden, sind zum Beispiel (lt. Amelung, 2007, S. 216):

---

[1] ehemaliger Arbeitgeber des Autors

- AIDS, Schlaganfälle, Transplantationen, Kopfverletzungen, schwere Verbrennungen, Risikoschwangerschaften, Risikogeburten oder Rückenmarksverletzungen

- überlange Liegezeiten

- gescheiterte oder wiederholte chirurgische Eingriffe

- Fallkosten, die einen bestimmten kritischen Wert übersteigen

- sich widersprechende kummulierende Behandlungen

- langfristige Behandlung mit Schmerzmitteln oder Antidepressiva

Grundsätzlich betrachtet das Case Management also kostenintensive Fälle, bei denen die Effizienz der Koordination und eine abgestimmte Begleitung der Versorgung, wesentliche Qualitätsverbesserungen und Kosteneinsparungen zu Folge haben.

Wie bei Pape, Rosenbaum & Bostelaar (2006, S. 31) geht es um die „Verbindung der Erlösorientierung mit der Qualitätsorientierung".

Die Verringerung des Zeitfaktors, also kürzerer Verweildauern, bringt einerseits dem Krankenhaus höhere Erlöse, andererseits kommt es auch dem Patienten entgegen durch geringe Wartezeiten, keine zu frühe und eine möglichst normale Entlassung in den Alltag. Das erfordert optimale Prozessabläufe und angepasste Strukturen der einzelnen Leistungserbringer (vgl. R.A. Bostelaar & Pape, 2008, S. 29).

3.1 Vorteile

Die Einführung eines CM-Systems hat nach Brinkmann (2009) folgende Vorteile. Komplexe Aufgaben können effektiver bearbeitet werden und Abstimmungsprozesse können verkürzt werden. Ebenfalls entstehen Synergieeffekte zwischen den Berufsgruppen durch mehr Interaktion und Kommunikation. Voraussetzung dafür ist ein funktionierendes Team. Der Case Manager ist in der Regel kein Einzelkämpfer (vgl. Brinkmann, 2009, S. 138).

Durch das CM wird der ärztliche Dienst von der ökonomischen Zusatzverantwortung entlastet. Die Codierverantwortung liegt beim CM, was höhere Codiererlöse zur Folge hat. Somit wäre mehr Zeit für originäre Arztaufgaben und damit auch eine höhere Transparenz der Behandlung und bessere Dokumentation (vgl. Ganzmann, 2011, S. 52).

Die stationäre Pflege wird reduziert und die ambulante Versorgung gefördert (vgl. Sambale, 2005, S. 92). CM hat an Akzeptanz gewonnen und wird von den Akteuren des Gesundheitswesen als wirksam erachtet, Kosten zu reduzieren und Ineffizienzen abzubauen (vgl. Schwaiberger, 2002, S. 13).

Ein weiterer Vorteil ist die Möglichkeit einer zentralen Betten- und OP-Verwaltung durch das CM. Die Kompetenz dafür, sowie für die Terminierung der Patienten sollte beim CM liegen. Das würde auch zu einer Vereinheitlichung der Standards innerhalb einer Fachabteilungen führen. Außerdem kann Personal flexibler ausgelastet werden (vgl. R.A. Bostelaar & Pape, 2008, S. 45).

Das CM bringt einen Wettbewerbsvorteil zunächst im Servicebereich. Dazu kommt die Kostensicherung durch (vgl. R.A. Bostelaar & Pape, 2008, S. 52):

- Auslastungsoptimierung mit Fallzahlsicherung, kurze Verweildauern und Senkung der Fehlbelegungen.

- Optimierung der Versorgungkontinuität über den stationären Bereich hinaus zur Vermeidung von Re-Hospitalisierung im selben Fall.

- eine lückenlose Behandlung durch Prozessoptimierung

Durch geeignete Assessments kann der individuelle Pflegebedarf von Patienten erhoben und geplant werden. Dazu gehören alle Prozesse im Krankenhaus und zusätzlich die prä- und poststationäre Phase. Über das Assessmentverfahren können auch die Patienten herausgefiltert werden, die Case Management überhaupt benötigen (vgl. ebd., S. 53).

Die Funktionen des Case Managers als *Gate-Keeper*, *Broker* oder *Advocat* finden im CM wieder. Einerseits arbeitet er für den Patienten und andererseits auch für die Organisation. Durch diese Kombination kommt es weniger zu Dokumentationsfehlern in Form von Doppeldokumentation und Fehlinformationen. Durch die zentrale Steuerung durch das CM kommt es zu einer Senkung der Telefonate bei gleichzeitiger Verbesserung der Kommunikation der Berufsgruppen, dies führt zu einer Verbesserung der Unternehmenskultur und einer Entlastung aller am Prozess beteiligten Mitarbeiter. Nicht zuletzt gewinnt der Patient. (vgl. R.A. Bostelaar & Pape, 2008, S. 55).

Die Einführung eines CM kann auch positive Marketing-Effekte haben. Die Bewertung der internen Prozesse eines Krankenhauses durch Patienten und Angehörigen ist heutzutage unabdingbar für die Wettbewerbsfähigkeit (vgl. Rapp, 2013, S. 18).

3.2 Nachteile

Die Nachteile der Einführung eines CM im Krankenhaus sind vielfältig und sollten immer im Vorfeld bedacht werden.

Zunächst muss man festhalten: CM kostet etwas. Deswegen ist eine Investitionsplanung nötig für Personalstellen (Casemanager und Stellvertreter), Soft- und Hardware (vgl. R.A. Bostelaar & Pape, 2008, S. 56).

Ein CM ist nicht von heute auf morgen installiert, sondern braucht Zeit, ehe es richtig greift. Dem Case Manager wird ein hohes Maß an Frustrationstoleranz abverlangt, da er häufig allein agiert (zumindest am Anfang der Implementierung), ohne ein Team im Hintergrund. Dies sollte durch Rückhalt aus der Krankenhausleitung und auch eine Betreuung, falls es starken Widerstand gibt (vgl. R.A. Bostelaar & Pape, 2008, S. 58).

Es besteht ein großes Potential von Machtkämpfen, da durch die Einführung eines CM tief in die Krankenhausstruktur eingegriffen wird. Das kann unter Umständen auch Boykottversuche des der Implementierung zu Folge haben (vgl. R.A. Bostelaar & Pape, 2008, S. 34).

Durch die hohe Akteursdichte im Gesundheitswesen treffen verschiedene Berufskulturen verstärkt aufeinander, die bisher parallel nebeneinander agierten. Durch die Verlagerung der Entscheidungskompetenzen und Neuverteilung der Aufgaben wird dieser Effekt noch verstärkt. Sogenannte Vorbehaltsaufgaben bestimmter Berufsgruppen gibt es nicht mehr. (vgl. ebd., S. 30, 32 u. 37). „Tradierte Tabus werden gebrochen. (...) Case Management erzeugt Widerstand." (ebd., S. 32).

CM hat immer auch einen gewissen Kontrollcharakter. Das kann zu Misstrauen untereinander führen (vgl. Schwaiberger, 2002, S. 79). Außerdem kann es sein, dass Systemmängel der Verantwortung eines Case Managers zugerechnet werden, für die er gar nichts kann. Gleichzeitig soll er aber bestmöglich individuelle Patientenbedürfnisse befriedigen und ökonomische Gesichtspunkte einhalten (vgl. Schwaiberger, 2005, S. 68 u. 69).

3.3 Reichweite der Wirksamkeit

Wie weit das CM wirkt, hängt im wesentlichen davon ab, wie Start- und Endpunkt des CM-Prozesses durch den Krankenhausträger definert sind (vgl. Scupin, 2013). Wenn dies beispielsweise Aufnahme und Entlassung im Krankenhaus sind, wird das CM nicht oder nur bedingt darüber hinaus wirken können.

Da aber Patienten den geringsten Teil ihres Lebens im Krankenhaus verbringen, ist es sinnvoll, übergreifende Konzepte anzuwenden, was auch im Sinne des Gesetzgebers ist. Hierfür sind Kooperationen mit Pflegeeinrichtungen (ambulant und stationär) notwendig. Als Startpunkt ist also schon die Einweisung durch den Hausarzt anzustreben und es endet mit einer gesicherten Versorgung im ambulanten Bereich. Die übergänge sollen hierbei möglichst nahtlos erfolgen.

Praktisch heißt das, dass jeder Hausarzt, der eine Krankenhauseinweisung anstrebt, einen Termin mit dem zuständigen Case Manager im Krankenhaus vereinbaren muss. Hier können schon erste Patientenrelevante Daten erhoben werden. Theoretisch kann schon jetzt die Entlassung geplant werden.

3.4 Welche Berufsgruppe sollte das CM übernehmen

Am ehesten ist das CM in der Pflege anzusiedeln. Pflege ist ohnehin meist mit den organisatorischen Aufgaben rund um den Patienten betraut (vgl. Hofmann, 1999). Zudem ist die Kostenstelle Arzt höher als die der Pflege (vgl. Schwaiberger, 2002, S. 77).

> "Um Prozesse CM-kompatibel zu machen, genügt es nicht, einfach eine erfahrene Person aus der Pflege zur Case Managerin zu machen, die dann nur aufgrund persönlicher Autorität und einer guten Vernetzung irgendwelche Besserungen im Betrieb erreicht." (Thiry, 2011)

Prinzipiell sind die Anforderungen an Casemanager heutzutage so hoch, dass an dieser Schlüsselposition eine akademische Qualifikation erstrebenswert ist. Schon allein, um auf Augenhöhe mit Ärzten und Ökonomen zu agieren und entsprechende Autorität auszustrahlen. Wobei Letzteres nicht ausschließlich mit der Qualifikation zusammenhängt.

4 Fazit

Bei der Implementierung von CM ist es wichtig, nicht voreilig zu handeln und Für und Wider genau abzuwägen (vgl. Ewers & Schaeffer, 2005, S. 11). Die zunehmende Verbreitung führt aber auch zu halbherzigen CM-Implementierungen. *„Es ist nicht überall Case Management drin, wo es draufsteht."* (Ribbert-Elias, 2006, S. 140)

Eine Grundvoraussetzung ist, dass Patienten- und Ergebnisorientierung zum Leitbild des Handelns wird. Sonst sind „mangelnde Effektivität" und „Resourcenverluste" vorprogrammiert (lt. Ewers & Schaeffer, 2005, S. 10).

Im Bereich der sozialen Arbeit liegen einige Studien zum CM vor. Unter anderem zeigte eine eine Cochrane-Studie mit dem Titel *„Case management for people with severe mental disorders"*, das sich einerseits die Compliance der Betroffenen erhöhte, andererseits verdoppelte sich die Hospitalisierungsrate und somit die Kosten, während mentale Gesundheit und Lebensqualität nicht gestiegen sind (vgl. Marshall, Gray, Lockwood, & Green, 2011). Dies kann am speziellen Setting liegen. Andererseits zeigte eine Untersuchung am Klinikum Bonn eine deutliche Verbesserung sozialer und gesundheitlicher Faktoren und auch zu einer Kostenreduktion durch vermehrte ambulante Behandlung (vgl. Banger et al., 2008).

Da CM in Deutschland noch am Anfang steht und gibt es kaum Wirksamkeitsstudien zu diesem Thema. Dennoch verspricht man sich viel davon. Im Klinikum Köln, konnten im internen Vergleich schon einige Ergebnisse evaluiert werden. Zum Biespiel wurde die Fehlbelegungsrate und die durchschnittliche Verweildauer reduziert, während die Fallzahlen um ca. 10% stiegen, ebenso wie die Auslastung (vgl. Grigo, Ihrke, & Langer, 2012, S. 50). Auch zeitliche Ressourcen wurden frei und die Wartezeiten verringerten sich.

Zusammenfassen kann gesagt werden, das dort, wo CM konsequent eingeführt wurde beide Seiten profitierten, einmal die Patienten und zum anderen auch die Einrichtung selbst und die Mitarbeiter (vgl. René Alfons Bostelaar, Pape, & Roland, 2009).

Anhang

Literaturverzeichnis

Amelung, V. E. (2007). *Managed Care: Neue Wege Im Gesundheitsmanagement*: Betriebswirtschaftlicher Verlag Dr. Th. Galber GWV Fachverlage GmbH (GWV).

Banger, M., Spiske, K. F., Klee, A., Kallweit, D. m. U., Nelles, L., Paternoga, D., et al. (2008). 2. Erfahrungsbericht zum Case Management im Rahmen der Integrierten Versorgung in der Abteilung für Suchterkrankungen und Psychotherapie der Rheinischen Kliniken Bonn. Retrieved 08.07.2013, from http://www.klinik-bonn.lvr.de/fachabteilungen/sucht/jahresbericht2008_casemanagement.pdf

Bostelaar, R. A., & Pape, R. (2008). *Case Management im Krankenhaus: Aufsätze zum Kölner Modell in Theorie und Praxis*. Hannover: Schlütersche Verlag.

Bostelaar, R. A., Pape, R., & Roland, C. (2009). Fünf Jahre Casemanagement an der Universitätsklinik Köln. Rückblick und Ausblick. *Das Krankenhaus, 101*(03), 229-231.

Brinkmann, V. (2009). *Case Management*. Wiesbaden: Gabler Verlag.

Ewers, M., & Schaeffer, D. (2005). *Case Management in Theorie und Praxis*. Bern: Huber Hans.

Franke, D. (2007). *Krankenhaus-Management im Umbruch: Konzepte - Methoden - Projekte*: Kohlhammer W.

Ganzmann, R. (2011). *Klinisches Case Management:: Die Implementierung eines neuen operativen Steuerungsinstrumentes zwischen theoretischem Anspruch und praktischen Erfordernissen am Beispiel der individuellen Adaption des St. Anna Krankenhauses in Sulzbach-Rosenberg*: GRIN Verlag.

Grigo, M., Ihrke, J., & Langer, B. (2012). *Fallmanagement im Krankenhaus: Eine empirische Bedarfsanalyse am Beispiel einer süddeutschen Klinik*. Berlin: Logos Berlin.

Hofmann, I. (1999). Aerztliche und pflegerische Verantwortung: Partnerschaftlicher Dialog ist gefordert. *Deutsches Aerzteblatt, 96*(51), 2647.

Marshall, M., Gray, A., Lockwood, A., & Green, R. (2011). Case management for people with severe mental disorders. *Cochrane Database of Systematic Reviews,* (4). Retrieved from http://onlinelibrary.wiley.com/doi/10.1002/14651858.CD000050.pub2/abstract. doi:10.1002/14651858.CD000050.pub2

Mühlbauer, B. H. (2004). *Prozessorganisation im DRG-geführten Krankenhaus.* Weinheim: John Wiley & Sons.

Pape, R., Rosenbaum, I., & Bostelaar, R. A. (2006). Das Kölner Case Management Modell (KCM) am Klinikum der Universität zu Köln. *Case Management, 2*(1), 31.

Rapp, B. (2013). *Fallmanagement im Krankenhaus: Grundlagen und Praxistipps f√°r erfolgreiche Klinikprozesse.* Stuttgart: Kohlhammer, W., GmbH.

Ribbert-Elias, J. (2006). Case Management im Krankenhaus: Voraussetzungen - Anforderungen - Implementierung. In W. R. Wendt & P. Löcherbach (Eds.), *Case Management in der Entwicklung: Stand und Perspektiven in der Praxis.* München, Landsberg, Berlin, Heidelberg: Economica Verlag.

Sambale, M. (2005). *Empowerment statt Krankenversorgung: Stärkung der Prävention und des Case Management im Strukturwandel des Gesundheitswesens.* Hannover: Schlütersche Verlag.

Schwaiberger, M. (2002). *Case-Management im Krankenhaus: die Einführung von Case-Management im Krankenhaus unter den geltenden rechtlichen Bestimmungen für stationäre Krankenhausbehandlung.* Melsungen: Bibliomed, Med. Verlag-Ges.

Schwaiberger, M. (2005). *Case-Management im Krankenhaus: die Einführung von Case-Management im Krankenhaus unter den geltenden rechtlichen Bestimmungen für stationäre Krankenhausbehandlung.* Melsungen: Bibliomed, Med. Verlag-Ges.

Scupin, O. (2013). Statements zur Fallsteuerung. Retrieved 08.07.2013, from http://www.fachtagung-neumuenster.de/4.html

Thiry, L. (2011). *Case Management im Krankenhaus. Projektionen und Chancen.*Unpublished manuscript, Regensburg.

Handout

ERNST-ABBE HOCHSCHULE JENA
FACHBEREICH SOZIALWESEN
MASTERSTUDIENGANG PFLEGEWISSENSCHAFT/ PFLEGEMANAGEMENT

Modul 2.702: Casemenagement 1

Welche Gründe sprechen für die Einführung eines Casemanagement?

Vor- und Nachteile einer Implementierung im Krankenhaus

- HANDOUT -

Referat von:

Jens-Uwe Knorr

Leipzig, 10. Juli 2013

1 Setting: Krankenhaus der Regelversorgung

- St. Elisabeth-Krankenhaus Leipzig

2 Ziele des Case Management

- Typische Krankheitsbilder, die durch das Case Management (CM) betreut werden (lt. Amelung, 2007, S. 216):
  - Schlaganfälle, Transplantationen, Kopfverletzungen, Risikoschwangerschaften, Risikogeburten oder Rückenmarksverletzungen
  - überlange Liegezeiten
  - gescheiterte oder wiederholte chirurgische Eingriffe
  - Fallkosten, die einen bestimmten kritischen Wert übersteigen
  - sich widersprechende kummulierende Behandlungen
- nachstationäre Einrichtungen für rechtzeitige Verlegung (vgl. Mühlbauer, 2004, S. 25)
  - Vermeidung des „Drehtüreffektes" (vgl. Franke, 2007, S. 162 ff.)
- Verringerung des Zeitfaktors (vgl. R.A. Bostelaar & Pape, 2008, S. 29)
  - kürzerer Verweildauern
  - geringe Wartezeiten
- „Verbindung der Erlösorientierung mit der Qualitätsorientierung" (Pape, Rosenbaum, & Bostelaar, 2006, S. 31)

2.1 Vorteile

- effektive Lösung komplexer Aufgaben, verkürzte Abstimmungsprozesse, Synergieeffekte zwischen den Berufsgruppen (vgl. Brinkmann, 2009, S. 138)
- Entlastung des ärztlichen Dienstes (vgl. Ganzmann, 2011, S. 52)
- Reduktion der stationäre Pflege, Förderung ambulanter Versorgung (vgl. Sambale, 2005, S. 92)
- CM wird von Akteuren des Gesundheitswesen als wirksam erachtet, Kosten zu reduzieren und Ineffizienzen abzubauen (vgl. Schwaiberger, 2002, S. 13)
- Wettbewerbsvorteil im Servicebereich und Kostensicherung (vgl. R.A. Bostelaar & Pape, 2008, S. 52):
  - Auslastungsoptimierung, kurze Verweildauern und Senkung der Fehlbelegungen
  - Optimierung der Versorgungkontinuität über den stationären Bereich hinaus
  - eine lückenlose Behandlung durch Prozessoptimierung
- Verbesserung der Unternehmenskultur und einer Entlastung aller am Prozess beteiligten Mitarbeiter (vgl. R.A. Bostelaar & Pape, 2008, S. 55)
- positive Marketing-Effekte (vgl. Rapp, 2013, S. 18)

2.2 Nachteile

- CM kostet etwas (vgl. R.A. Bostelaar & Pape, 2008, S. 56)
  - Personal
  - Technik (Soft- und Hardware)
- hohes Maß an Frustrationstoleranz gefordert (vgl. R.A. Bostelaar & Pape, 2008, S. 58)
- Potential von Machtkämpfen und Boykottversuche (vgl. R.A. Bostelaar & Pape, 2008, S. 34)
- verschiedene Berufskulturen treffen verstärkt aufeinander, die bisher parallel nebeneinander agierten

- o Verlagerung der Entscheidungskompetenzen
- o Neuverteilung der Aufgaben wird dieser Effekt noch verstärkt. (vgl. ebd., S. 30, 32 u. 37)
- o „Tradierte Tabus werden gebrochen. (...) Case Management erzeugt Widerstand." (ebd., S. 32)
- Kontrollcharakter kann zu Misstrauen untereinander führen (vgl. Schwaiberger, 2002, S. 79)
- Systemmängel werden unter Umständen der Verantwortung eines Case Managers zugerechnet (vgl. Schwaiberger, 2005, S. 68 u. 69)

2.3 Reichweite der Wirksamkeit

- Wie weit das CM wirkt, hängt im wesentlichen davon ab, wie Start- und Endpunkt des CM-Prozesses durch den Krankenhausträger definert sind (vgl. Scupin, 2013)

2.4 Welche Berufsgruppe sollte das CM übernehmen

- CM am ehesten in der Pflege anzusiedeln
- o Pflege ist ohnehin meist mit organisatorischen Aufgaben rund um den Patienten betraut (vgl. Hofmann, 1999)
- o Kostengünstiger (vgl. Schwaiberger, 2002, S. 77)
- o Eine akademische Qualifikation ist erstrebenswert (Thiry, 2011)

3 Fazit

- *„Es ist nicht überall Case Management drin, wo es draufsteht."* (Ribbert-Elias, 2006, S. 140)
- Patienten- und Ergebnisorientierung als Leitbild des Handelns (lt. Ewers & Schaeffer, 2005, S. 10)
- im Bereich der sozialen Arbeit liegen einige internationale Studien zum CM vor/ kaum Wirksamkeitsstudien in Deutschland
  - o Cochrane-Studie: *„Case management for people with severe mental disorders"* (vgl. Marshall, Gray, Lockwood, & Green, 2011):
    - Compliance der Betroffenen erhöhte
    - Hospitalisierungsrate verdoppelt
    - mentale Gesundheit und Lebensqualität nicht gestiegen
  - o Klinikum Bonn Psychiatrie (vgl. Banger et al., 2008):
    - deutliche Verbesserung sozialer und gesundheitlicher Faktoren
    - Kostenreduktion durch vermehrte ambulante Behandlung
  - o Klinikum Köln (vgl. Grigo, Ihrke, & Langer, 2012, S. 50):
    - Fehlbelegungsrate und die durchschnittliche Verweildauer reduziert
    - Fallzahlen um ca. 10% stiegen
    - Auslastung gestiegen
    - zeitliche Ressourcen wurden frei
    - Wartezeiten verringerten
- dort, wo CM konsequent eingeführt wurde haben alle Seiten profitiert (vgl. René Alfons Bostelaar, Pape, & Roland, 2009)
  - o Patienten - Einrichtung - Mitarbeiter

4 Diskussion

- Wie kann man Widerständen im Rahmen der CM-Implementierung begegnen?
- Welche Unterstützungsmaßnahmen sind in der Anfangsphase nötig?